LE PETIT GUIDE DU RÉVOLUTIONNAIRE

Stélio BERENGUER

ISBN : 978-10-763-4929-3

Je dédie ces pages à la mémoire de mes grands-parents,

Anna et Robert BERENGUER

TABLE DES MATIÈRES

INTRODUCTION...7

I. INTRODUCTION AUX PRINCIPES PHILOSOPHIQUES
ÉLÉMENTAIRES DU MARXISME..11

    a) Le matérialisme dialectique.....................................11

    b) Le matérialisme historique......................................15

II. LA RÉPUBLIQUE DÉMOCRATIQUE BOURGEOISE ET SES
FORMATIONS POLITIQUES..21

III. L'ÉTAT ET LA RÉVOLUTION PROLÉTARIENNE..............51

    a) Définition de l'État...51

    b) Destruction de l'État bourgeois et création de l'État
prolétarien..53

IV. AU SUJET DE LA PROPAGANDE ANTICOMMUNISTE....59

    CONCLUSION...63

INTRODUCTION

Le présent ouvrage a pour but d'apporter avec le plus de simplicité et de clarté possible, un regard critique sur le fonctionnement de la république démocratique bourgeoise au sein du capitalisme, ainsi que sur les différentes formations politiques qui prétendent « lutter » pour l'amélioration des conditions de vie du peuple. Il a pour objectif de démontrer les traits fondamentaux du capitalisme et du régime démocratique bourgeois, qui sont devenus un frein et une nuisance pour le développement des masses travailleuses.

Une analyse marxiste des phénomènes sociaux auxquels nous sommes confrontés de nos jours me semble nécessaire, afin de s'armer de la théorie révolutionnaire qui est à même de transformer fondamentalement et radicalement la société. La complexité que rencontre aujourd'hui le prolétariat concernant la politique et ses formations, réside dans le fait qu'un nombre important de partis politiques se sont développés de manière croissante depuis plusieurs décennies. Cela a de néfaste que cette quantité conséquente de formations politiques déstabilise et embrouille le prolétariat, elles le fractionnent et réduisent sa force et son impact politique.

Avec ce guide, je souhaite apporter des questionnements, ainsi que des réponses, mais aussi des solutions au lecteur, et ainsi affûter son esprit critique à l'égard de la société capitaliste, de son fonctionnement, et de ses structures politiques.

Le chapitre qui suit est un énoncé rapide et simple du matérialisme dialectique et historique. Mon objectif est de vulgariser et simplifier au maximum cette science marxiste afin de ne pas décourager le lecteur. Cet ouvrage n'a pas pour but de traiter en profondeur la théorie marxiste, c'est la raison pour laquelle le chapitre qui suit est volontairement incomplet, simplifié et assez basique. Cependant, il me semble tout à fait indispensable de conseiller d'étudier plus en profondeur le matérialisme dialectique et historique, afin que le lecteur puisse découvrir l'ensemble des analyses que cette science marxiste apporte à l'humanité. L'excellent travail de Staline à ce propos mérite d'être lu et étudié. Son ouvrage « le matérialisme dialectique et le matérialisme historique », représente un très bon exposé des principes philosophiques du marxisme. Je recommande donc au lecteur de se tourner vers cet ouvrage s'il souhaite étudier plus en détail ce sujet.

I. INTRODUCTION AUX PRINCIPES PHILOSOPHIQUES ÉLÉMENTAIRES DU MARXISME

a) Le matérialisme dialectique

Le matérialisme dialectique constitue la pierre angulaire du marxisme, sa base d'analyse. Le mot « matérialisme » signifie que l'interprétation des phénomènes de la nature, la conception des phénomènes environnants est matérialiste. C'est-à-dire qu'il considère que la matière, qui constitue tout ce que nous connaissons physiquement, tout ce qui existe *objectivement* autour de nous, *est* et *doit* être la donnée première dans une analyse, une donnée objective et scientifique, sans addition étrangère, indépendante des divinités, dieux, ou esprit universel quels qu'ils soient. Le matérialisme estime que seule la matière existe réellement, et que la conscience de l'homme n'est que le produit supérieur de la matière, car la pensée, la conscience, n'est que le produit supérieur d'un organe matériel, le cerveau.

C'est pour cette raison que le matérialisme marxiste part du principe que l'on ne peut pas séparer la pensée de la matière pensante, du cerveau, sous peine de tomber dans une erreur grossière. Le matérialisme est donc nécessairement opposé à toutes formes de croyances religieuses ou d'autres formes de spiritismes qui admettent ou laissent supposer la présence de divinités immatérielles.

Le mot « dialectique » signifie que la méthode d'investigation et de connaissance est dialectique, c'est-à-dire qu'elle considère l'étude des phénomènes de la nature dans leur essence même, tels qu'ils existent objectivement, en étudiant les contradictions internes du processus d'évolution, de développement ; qu'elle considère qu'un élément fait partie d'un ensemble plus grand, et que cet élément renferme des contradictions internes qui lui sont propres et naturelles. Il faut entendre par ces contradictions, l'ancien et le nouveau, le passé et l'avenir. La dialectique considère de la même manière que le mouvement est perpétuel, que tout évolue constamment et sans interruption, et que tous les éléments se conditionnent réciproquement, évoluant d'une manière déterminée et répondant à des lois de développement objectives. La dialectique estime aussi que le développement des éléments, des phénomènes, ne s'effectue pas de manière harmonieuse et calme, mais par bonds, par accumulation quantitative lente, aboutissant à un saut qualitatif brutal, issu de la « lutte » entre les contradictions internes et inhérentes des phénomènes, entre l'ancien et le nouveau, le passé et l'avenir.

Le développement est issu de la « lutte » entre les tendances contraires qui agissent sur la base des contradictions inhérentes des phénomènes.

Cette conception de la nature, de ce qui existe et se développe, cette méthode d'investigation et de connaissance, revêt un caractère tout à fait scientifique.

Le matérialisme dialectique est un outil permettant d'analyser et de comprendre les phénomènes et leurs évolutions, en se basant sur ce que nous connaissons déjà, sur ce que nous pouvons découvrir en étudiant les contradictions internes du développement, en analysant l'ensemble des éléments et leur conditionnement réciproque, ainsi qu'en regroupant les informations connues afin d'établir un tableau général des résultats obtenus pour en tirer des conclusions valables et scientifiques.

Pour résumer simplement : l'eau est un élément matériel, objectif. Pourquoi l'état de l'eau change-t-il, par exemple, à -10 degrés, pourquoi gèle-t-elle ? Pourquoi à 100 degrés l'état de l'eau se modifie-t-il à nouveau, mais cette fois-ci d'une autre manière, en bouillant ? Le matérialisme dialectique estime que ce changement est tout à fait naturel, et qu'il fait partie d'un ensemble de conditions matérielles répondant à des lois de développement indépendantes de l'action des hommes et de leurs conceptions. Il part du principe que si, effectivement, l'état de l'eau se modifie à un moment précis, c'est qu'il se produit des conditions précises à un moment donné et que, par conséquent, un processus d'évolution, de changement est en action. Processus qui passe systématiquement et obligatoirement par 2 phases.

La première phase est celle de l'accumulation quantitative, lente, latente, qui au premier abord ne se voit pas forcément, mais qui constitue une étape indissociable et indispensable du processus d'évolution.

La deuxième phase est celle du changement notable, brutal, du changement qualitatif d'un état à un autre, changement que l'on remarque de manière apparente et évidente, elle est la résultante qualitative de l'accumulation de quantité de mouvement du processus de changement, de transformation, d'évolution. L'eau chauffe ou se refroidit durant une certaine quantité de temps, et suivant cette quantité de temps, elle se change d'un seul coup, de manière brutale, soit en glace, ou dans le cas inverse, elle se met à bouillir et se transforme en vapeur, la quantité se transformant en qualité.

Telle est la définition basique du matérialisme dialectique, sa définition fondamentale.

b) Le matérialisme historique

Le matérialisme historique étend les principes du matérialisme dialectique à l'histoire de la société humaine, à l'étude de l'histoire de la société humaine et de ses lois de développement. Partant du même principe que le matérialisme dialectique, le matérialisme historique considère que les phénomènes sociaux ne sont pas un hasard dans le processus de développement, qu'ils ne sont pas issus d'un groupe d'hommes ou d'une idée, d'un dieu ou d'une puissance supérieure, mais qu'ils sont le résultat de conditions précises de développement à un moment donné, de conditions matérielles, indépendantes des conceptions humaines, et que les hommes s'adaptent à ces conditions par les moyens qui sont à leur disposition à ce moment-là.

Pour le matérialisme historique, l'élément principal, fondamental, modifiant la société humaine et les rapports des hommes au sein de celle-ci, modifiant son infrastructure économique ainsi que sa superstructure sociale (ses idées, ses opinions, ses institutions politiques, etc.) est le mode d'obtention des moyens d'existence, *le mode de production des biens matériels*. Il faut entendre par là de quelle manière, avec quels instruments et par quels moyens les hommes se constituent dans la société, s'établissent dans celle-ci.

Pour pouvoir vivre et se développer, les hommes ont besoin de créer des biens matériels (nourriture, logements, vêtements, combustibles, instruments de production, etc.) et pour pouvoir créer ces biens matériels, les hommes ont besoin d'instruments de production, ils doivent savoir comment se servir de ces instruments en acquérant une certaine expérience de la production, en acquérant des habitudes de travail.

Tous ces éléments pris ensemble constituent les forces productives de la société, c'est-à-dire la nature environnante, les outils et instruments de production, les hommes et leur expérience dans la production. De ces forces productives, découlent des rapports sociaux qu'entretiennent les hommes entre eux dans le processus de production, les rapports de production. De l'ensemble de ces conditions, résulte le mode de production de la société, qui détermine sa physionomie générale, son fonctionnement économique, politique et social.

Mais alors, qu'est-ce qui détermine le changement du mode de production des biens matériels, le changement de l'infrastructure de la société, où vient se développer la superstructure sociale (les idées et théories sociales, les opinions et institutions politiques...) ? Le marxisme considère que ce qui détermine le changement d'un mode de production à un autre, est la modification des forces productives de la société, plus spécifiquement celle des instruments de production. En changeant leurs instruments de production, les hommes modifient fondamentalement leur manière de produire, ils font évoluer toute l'économie de la société, *sa base matérielle*, et suivant cette évolution, ils bouleversent par la même occasion les rapports de production au sein de celle-ci, et toutes les conceptions et idées sociales qui constituent la société *en équivalence de sa base matérielle*.

Plus simplement : tel genre de vie, tel genre de pensée.

« L'emploi et la création des moyens de travail, quoiqu'ils se trouvent en germe chez quelques espèces animales, caractérisent éminemment le travail humain.

Aussi Franklin donne-t-il cette définition de l'homme : l'homme est un animal fabricant d'outils (a toolmaking animal). Les débris des anciens moyens de travail ont pour l'étude des formes économiques des sociétés disparues, la même importance que la structure des os fossiles pour la connaissance de l'organisation des races éteintes. Ce qui distingue une époque économique d'une autre, c'est moins ce que l'on fabrique, que la manière de fabriquer... Les moyens de travail sont les gradimètres du développement du travailleur, et les exposants des rapports sociaux dans lesquels il travaille. »[1]

Cependant, les rapports de production influent en retour sur le développement des forces productives de la société. En effet, la superstructure s'établissant dans la société à telle période de l'histoire humaine, influence de manière plus ou moins rapide l'état de développement matériel de celle-ci. Les formes et organisations de cette superstructure accélèrent ou ralentissent le développement de la société, mais elles ne constituent pas le changement premier, fondamentale de la société, car elles apparaissent après que s'est développé un mode de production des biens matériels donné, elles s'adaptent par le fait à celui-ci et *fondent leurs conceptions en équivalence.*

« Les rapports sociaux sont intimement liés aux forces productives. En acquérant de nouvelles forces productives, les hommes changent leur mode de production, et en changeant le mode de production, la manière de gagner leur vie, ils changent tous leurs rapports sociaux. Le moulin à bras vous donnera la société avec le suzerain [le seigneur féodal] ; le moulin à vapeur, la société avec le

---

1 K. Marx, le Capital T.I, Éditions Garnier-Flammarion - Paris 1969 - Pages 140, 141

capitalisme industriel. »[2]

De la même manière que le matérialisme dialectique, le matérialisme historique considère qu'il s'effectue au sein de la société, une accumulation quantitative, lente et latente des phénomènes d'évolution, économiques, sociaux et politiques. De cette accumulation quantitative, résulte un changement qualitatif, notable et brutal, un changement apparent et radical, une révolution.

Les forces productives de la société revêtent un caractère particulier à chaque époque de l'histoire humaine. Ce caractère doit se trouver en équilibre avec les rapports de production de l'époque donnée.

Cela signifie que, par exemple, sous le régime capitaliste, le caractère des forces productives est social, car la production se fait toujours en commun, les hommes sont obligés de travailler ensemble s'ils veulent produire des biens matériels nécessaires à la société. Des millions d'ouvriers sont groupés dans d'immenses fabriques et usines, produisant en commun.

Cependant, les rapports de production, quant à eux, se trouvent en désaccord avec le caractère des forces productives de la société, car la propriété des moyens de production (les matières premières, les instruments de production, les usines, les fabriques, etc.) demeure privée, capitaliste. Ceci est incompatible avec le caractère social du processus de production.

Il s'ensuit qu'un désaccord violent surgit au sein de la société, un désaccord entre exploités et exploiteurs, entre

---

2 K. Marx, Misère de la philosophie, réponse à la philosophie de la misère de M. Proudhon, Éditions sociales - Paris 1946 - Page 88

prolétaires et capitalistes. Les rapports de production ne correspondant plus au caractère des forces productives, car celles-ci évoluent constamment et sans interruption, les rapports de production doivent eux aussi évoluer de la même manière, afin que les forces productives de la société puissent se développer pleinement, de manière optimale.

Pour résumer simplement : lorsque les rapports de production ne correspondent plus au caractère des forces productives, s'amorce une période de changement, de lutte entre exploités et exploiteurs, lutte qui s'effectue, par exemple sous le régime capitaliste, par le biais d'expressions populaires (manifestations, organisations de comités et partis politiques, syndicats, etc.) ; de cette organisation générale s'enclenche un changement quantitatif, lent et latent, qui se fractionne sous un nombre plus ou moins important d'années. Des réformes sont appliquées sans apporter un changement notable et réel de la société, et par conséquent, ne satisfont pas les masses opprimées du joug de l'exploitation. De ces formes insuffisantes de lutte, s'accumulent une pression, une fatigue, une colère, et de ces conditions s'amorce, en dernière instance, un changement qualitatif de la société, un changement rapide et brutal, apparent et radical, une révolution.

Telle est la définition basique du matérialisme historique, sa définition fondamentale.

II. LA RÉPUBLIQUE DÉMOCRATIQUE BOURGEOISE ET SES FORMATIONS POLITIQUES

La république démocratique bourgeoise est la forme d'État que nous connaissons, notamment, en France. La caractéristique principale de cette « république démocratique » est de faire preuve d'une certaine « souplesse » tout en préservant la domination de classe de la bourgeoisie et du capitalisme. Elle laisse paraître un semblant de liberté et de pouvoir d'influence à la population, en usant de stratagèmes tels que : le vote électoral, le référendum, la liberté de penser et de s'exprimer, l'existence de partis se réclamant « d'opposition » ou « anticapitalistes », le droit de critique, etc. Cependant, il est tout à fait clair que la république démocratique bourgeoise dans laquelle nous vivons n'a rien de démocratique. Elle ne représente absolument pas les intérêts de la population, elle agit égoïstement en conservant les privilèges de sa classe au détriment de la majorité. Cette « république démocratique » n'hésite pas non plus à réprimer par la force les mouvements populaires, en usant des forces armées ou de la police. Elle n'est rien de plus qu'un instrument de domination de la bourgeoisie sur le prolétariat, tout en étant en apparence un système égalitaire et démocratique. La bourgeoisie contrôle la machine d'État depuis bon nombre de décennies, elle est solidement établie et enracinée dans la quasi-totalité des secteurs politico-économiques, mais aussi dans les secteurs de la communication et de l'information, ce qui lui permet d'appliquer une propagande constante en contrôlant l'information destinée à la population.

Il y a dans la république démocratique bourgeoise, deux catégories principales d'organisation politique.

La première catégorie est celle des partis de droite et d'extrême droite qui, bien sûr, n'ont rien de révolutionnaire, et souhaitent appliquer des réformes qui sont avantageuses *uniquement* pour la classe sociale qu'ils représentent, à savoir la bourgeoisie. Ils n'œuvrent qu'au renforcement des positions du capitalisme, et trompent la population en usant de phraséologie superficielle, tout en revêtant, en réalité, un caractère bourgeois réactionnaire.

La deuxième catégorie est celle des partis du centre et de gauche (Parti socialiste, partis écologistes, démocrates, etc.) Cette catégorie se différencie quant à la *forme* qu'elle revêt par rapport à la première, mais en aucun cas quant au *fond,* quant aux *résultats pratiques* de la politique de ces partis au sein du capitalisme. Ces partis représentent l'aile gauche réformiste de la bourgeoisie.

Les formations politiques issues du centre ou de la pseudo-gauche et qui prétendent « lutter » pour l'amélioration des conditions de vie des travailleurs, ne sont rien de plus qu'un organe stratégique destiné au maintien de la bourgeoisie au pouvoir, au maintien tel quel de l'état de choses. Si nous souhaitons sortir de cette condition, il est nécessaire de comprendre à qui nous avons à faire quand nous sommes confrontés à ces formations politiques.

L'ensemble de ces organisations ne sont en réalité que des organisations à caractère bourgeois, contre-révolutionnaires, ne souhaitant pas un changement *réel* de l'appareil étatique, ne souhaitant pas un changement radical de la société, mais la conservation en l'état de celle-ci. Mais pour quelles raisons particulières ces organisations ne souhaitent-elles pas un tel changement ?

Cela s'explique par le fait que ces organisations sont le détachement avancé d'une classe sociale donnée dans la société, la bourgeoisie, plus précisément celui de son aile gauche et que, par conséquent, elles renferment toutes des *intérêts de classe* qui les empêchent d'être intéressées à un changement révolutionnaire de la société. Si un tel changement s'opère, la bourgeoisie perd tous les privilèges de classe qu'elle a acquis sous le régime capitaliste. L'ensemble de la superstructure sociale est transformée et, par conséquent, la bourgeoisie de manière générale, tant son aile réformiste de gauche, que son aile droitière la plus réactionnaire, ne trouve plus sa place dans le régime politique nouveau.

C'est la raison pour laquelle la bourgeoisie est opposée au prolétariat, aux mouvements révolutionnaires en général, elle représente l'antagonisme de classe du prolétariat. Son attitude est toujours (et ce, qu'elle que soit la forme qu'elle revêt ou l'apparence populaire qu'elle peut se donner dans les paroles) une *attitude de classe*. C'est pourquoi, le point commun de la grande majorité des formations politiques se réclamant « de gauche » ou « démocrates » etc., est qu'elles ne souhaitent jamais sortir du cadre parlementaire dans la lutte politique, qu'elles se refusent à mettre en mouvement les grandes masses populaires dans un esprit révolutionnaire, et qu'elles se bornent à l'emploi répété et *inefficace* de l'utilisation des réformes dans le cadre de l'État bourgeois. Or, on ne réforme pas le capitalisme, on le révolutionne, on le détruit. La résultante de cette situation est que la classe ouvrière est constamment trompée, ballottée de partis en partis, de formations politiques diverses vers d'autres formations politiques, sans jamais réellement comprendre les intérêts de classe que renferment ces organisations.

« Les hommes ont toujours été et seront toujours en politique les dupes naïves des autres et d'eux-mêmes, tant qu'ils n'auront pas appris, derrière les phrases, les déclarations, et les promesses morales, religieuses, politiques et sociales, à discerner les *intérêts* de telles ou telles classes. Les partisans des réformes et améliorations seront dupés par les défenseurs du vieux régime aussi longtemps qu'ils n'auront pas compris que toute vieille institution, si barbare et pourrie qu'elle paraisse, est soutenue par les forces de telles ou telles classes dominantes. Et pour briser la résistance de ces classes, il n'y a *qu'un* moyen : trouver dans la société même qui nous entoure puis éduquer et organiser pour la lutte, les forces qui peuvent – et *doivent* de par leur situation sociale – devenir la force capable de balayer le vieux et de créer le nouveau. »[3]

Cependant, il existe des organisations politiques dites « d'opposition » qui ne renferment pas à proprement parler un caractère de classe bourgeois, ce sont des formations qui paraissent plus « populaires » et qui possèdent des membres de bonne volonté, telles que le Parti communiste français ou La France insoumise.

---

3 V.I Lénine, Karl Marx et sa doctrine, Éditions sociales Paris - Éditions du progrès Moscou - 1971 - Page 76

Cependant, les membres actifs de ces formations conservent une mentalité petite-bourgeoise, conciliante avec le capitalisme, c'est-à-dire qu'elles considèrent effectivement le capitalisme comme un ennemi, mais souhaitent changer la société uniquement à l'aide de réformes, de conciliations, d'accords mutuels avec la classe politique dominante, tout en ne souhaitant en aucun cas aller plus loin que la forme de lutte parlementaire bourgeoise. Elles n'aspirent pas à la destruction de l'État bourgeois, mais à un compromis avec celui-ci.

Par conséquent, elles ne sont, malgré elles, qu'un élément constitutif de la république démocratique bourgeoise, un instrument prédéfini dans un cadre contrôlé, visant à fractionner le prolétariat et le tromper dans la véritable voie qu'il doit suivre pour transformer radicalement sa condition.

Il importe avec les militants et partisans de ces formations politiques, de les éduquer dans un esprit révolutionnaire, de leur indiquer la voie à suivre dans la lutte politique, afin d'établir un parti révolutionnaire sachant traduire leurs besoins dans la lutte contre le capitalisme, sachant les organiser et les mobiliser efficacement.

Cette confusion générale concernant la structuration politique de notre appareil d'État est bien entendu voulue, étudiée et mise soigneusement en place par la classe politique dominante, dans le but de tromper de façon toujours plus poussée le prolétariat dans sa lutte contre l'oppression dont il est victime. Le manque de fondements idéologiques politiques du prolétariat explique le fait que cet amas de courants politiques, de formations politiques diverses, soi-disant différentes les unes des autres, subsistent dans la société.

Mais alors, la question est de savoir quoi faire dans ces conditions précises. *Par quels moyens* devons-nous enclencher le processus révolutionnaire ? Par quoi commencer ? La première chose qu'il est nécessaire d'accomplir est *l'établissement d'un parti politique d'avant-garde, réellement et fondamentalement révolutionnaire*, sachant traduire dans sa lutte politique les besoins pressants que la société pose devant lui, sachant utiliser à fond sa force mobilisatrice, transformatrice, et éducative du prolétariat pour l'émancipation de celui-ci.

Un parti d'avant-garde qui sache traiter et solutionner les problèmes pressants de la société de manière pragmatique, scientifique, en laissant de coté les questions politiques inutiles dont raffolent la bourgeoisie et ses sous-partis, freinant ainsi le développement de la société, freinant son progrès.

« Les congrès du Parti doivent résoudre non les problèmes soulevés à tort ou à raison par tel ou tel publiciste, mais ceux qui ont une sérieuse importance politique, étant donné les conditions de l'heure et la marche objective du développement social. »[4]

Le parti d'avant-garde doit être avant tout, un parti *solidement établi idéologiquement*, possédant des membres actifs révolutionnaires formés à la théorie marxiste-léniniste-maoïste, il doit savoir user de cette théorie dans la pratique et, par conséquent, ne doit jamais perdre de vue le but final qu'il s'est imposé, à savoir, la révolution prolétarienne. Il doit savoir guider le prolétariat,

---

4 V.I Lénine, deux tactiques de la social-démocratie dans la révolution démocratique, Éditions en langues étrangères - Pékin 1970 - Page 12

lui apporter une perspective et savoir solutionner les problèmes que celui-ci rencontre au moment opportun.

« Pour être vraiment un détachement d'avant-garde, il faut que le Parti soit armé de la théorie révolutionnaire, de la connaissance des lois du mouvement, de la connaissance des lois de la révolution. Sinon, il n'est pas en mesure de diriger la lutte du prolétariat, de l'entraîner à sa suite. Le Parti ne peut être un parti véritable, s'il se borne à enregistrer ce qu'éprouve et pense la masse de la classe ouvrière ; s'il se traîne à la remorque du mouvement spontané ; s'il ne sait pas surmonter la routine et l'indifférence politique du mouvement spontané ; s'il ne sait pas s'élever au-dessus des intérêts momentanés du prolétariat ; s'il ne sait pas élever les masses au niveau de la conscience des intérêts de classe du prolétariat. Il faut que le Parti se trouve en tête de la classe ouvrière ; il faut qu'il voie plus loin que la classe ouvrière ; il doit conduire le prolétariat, et non pas se traîner à la remorque du mouvement spontané. »[5]

« Il faut reconnaître, comme un axiome, que plus élevés sont le niveau politique et la conscience marxiste-léniniste des militants occupés dans quelques domaines que ce soit du travail de l'État et du Parti, plus élevé et fécond est le travail lui-même, plus tangibles en sont les résultats ; au contraire, plus bas sont le niveau politique et la conscience marxiste-léniniste des militants, plus probables sont les lacunes et les échecs dans le travail, plus probables sont la déchéance, la transformation des militants eux-mêmes en praticiens ergoteurs, plus probable est leur dégénérescence complète. »[6]

Il en résulte que si le parti veut être un parti véritable,

5 J. Staline, des principes du léninisme, Éditions sociales - Paris 1945 - Page 77

efficace dans le travail révolutionnaire, il doit être intransigeant avec ses propres éléments internes, avec ses militants actifs, avec son appareil et sa gestion politique interne. Il ne peut pas se permettre la présence d'éléments aux idées déviantes, aux théories réactionnaires et révisionnistes. Cela signerait la destruction du parti d'avant-garde et, avec lui, la destruction du mouvement révolutionnaire. Ceci est nécessaire, en ce que le plus grand danger ne vient pas de l'extérieur durant la lutte politique, mais de l'intérieur, du parti lui-même, de ses membres qui, au fil des années, peuvent faire preuve de déviation idéologique, peuvent tomber dans les griffes de la bourgeoisie et ainsi mettre dans un grand danger le parti d'avant-garde.

Le Parti communiste français est un exemple de la dégénérescence idéologique que peut subir un parti politique se laissant pénétrer par les idées révisionnistes et réformistes.

Depuis les années 60, le Parti communiste français a renié toute appartenance idéologique au marxisme-léninisme, au mouvement révolutionnaire, il s'est fait envahir par la mentalité petite-bourgeoise, gangrener par des éléments réformistes et révisionnistes. Il s'est transformé en un parti inefficace, ne sachant plus répondre aux besoins des masses populaires.

C'est pour cette raison qu'il convient d'effectuer un contrôle fréquent des éléments actifs du parti, de contrôler en profondeur leur travail, de *rester attentif et de faire preuve d'esprit critique à l'égard des membres du parti et de leur travail*. Ceci ne veut pas, cependant, dire que le

6 J. Staline, les questions du léninisme T.II, Éditions sociales - Paris 1947 - Page 297

contrôle des éléments actifs du parti, de leur travail, soit lié à un manque de confiance dans le travail effectué ou dans leurs idées. Ce contrôle est nécessaire pour éviter la déviation de droite dans le parti, pour éviter des déviations néfastes qui le détruiraient. Comme le disait Lénine, *la confiance n'exclut pas le contrôle.*

« La conquête et le maintien de la dictature du prolétariat sont impossibles sans un parti fort par sa cohésion et sa discipline de fer. Mais la discipline de fer dans le Parti ne saurait se concevoir sans l'unité de volonté, sans l'unité d'action complète et absolue de tous les membres du Parti. Cela ne signifie évidemment pas que, de ce fait, la possibilité d'une lutte d'opinions au sein du Parti soit exclue. Au contraire, la discipline de fer n'exclut pas, mais présuppose la critique et la lutte d'opinions au sein du Parti. Cela ne signifie pas, à plus forte raison, que la discipline doive être "aveugle". Au contraire, la discipline de fer n'exclut pas, mais présuppose la soumission consciente et librement consentie, car seule une discipline consciente peut être réellement une discipline de fer. Mais une fois la lutte d'opinions terminée, la critique épuisée et la décision prise, l'unité de volonté et l'unité d'action de tous les membres du Parti sont la condition indispensable sans laquelle on se saurait concevoir ni parti uni, ni discipline de fer dans le Parti. »[7]

Enfin, le parti révolutionnaire doit faire preuve d'une grande autocritique concernant son travail et les problèmes qu'il rencontre, il doit analyser ses erreurs, comprendre pour quelles raisons elles ont eu lieu afin de ne pas les reproduire. Il doit être un parti à l'écoute des critiques du prolétariat, de son observation, de son expérience pratique,

---

7 J. Staline, les questions du léninisme T.I, Éditions sociales - Paris 1946 - Pages 81, 82

quotidienne. En aucun cas il ne doit l'ignorer, le sous-estimer, le mépriser, auquel cas il se transformerait en un vulgaire parti bureaucrate, perdant son rôle révolutionnaire.

« L'attitude d'un parti politique en face de ses erreurs est un des critères les plus importants et les plus sûrs pour juger si ce parti est sérieux et s'il remplit *réellement* ses obligations envers *sa classe* et envers les *masses* laborieuses. Reconnaître ouvertement son erreur, en découvrir les causes, analyser la situation qui lui a donné naissance, examiner attentivement les moyens de corriger cette erreur, c'est là la marque d'un parti sérieux, c'est là remplir ses obligations, c'est là éduquer et instruire la classe et ensuite aussi les masses. »[8]

Là réside la première étape à accomplir dans le processus révolutionnaire.

La deuxième étape qu'il est nécessaire d'effectuer au sein du processus révolutionnaire, est de comprendre et de savoir comment appréhender, comment utiliser et dénoncer, les organisations politiques bourgeoises se réclamant « de gauche » ou « partis d'opposition » etc., dans la lutte révolutionnaire. Quel comportement faut-il adopter à l'égard de ces organisations politiques pour hisser au rang national le parti d'avant-garde, représentant la force intellectuelle du prolétariat, son guide dans l'action révolutionnaire ?

La solution réside dans la stratégie et la tactique politique choisie qui permettra, en dernière instance, de se hisser à ce rang. Elle réside dans l'élaboration théorique

---

8 V.I Lénine, la maladie infantile du communisme, (le « gauchisme »), Éditions sociales Paris - Éditions du progrès Moscou - 1979 - Page 73

d'une idée scientifiquement viable et applicable dans la pratique, d'une méthode montrant avec clarté au prolétariat le tour de passe-passe politique auquel se livrent ces organisations contre-révolutionnaires.

Il est cependant indispensable d'être extrêmement prudent dans l'élaboration pratique de ces points.

Si nous sommes effectivement un parti d'avant-garde révolutionnaire solidement établi idéologiquement et sachant avec qui il travaille, sachant où il va et par quels moyens, il n'en reste pas moins la complexité de devoir combattre des formations politiques bourgeoises *déjà établies* dans la société et bénéficiant d'un certain soutien populaire et médiatique. La complexité d'une telle opération réside dans le fait qu'une opposition violente, à un certain degré de développement dans la lutte engagée, éclatera entre le parti d'avant-garde et les formations politiques bourgeoises. Il convient nécessairement qu'avant que cette opposition ait lieu, soit constitués une base, un soutien populaire, afin de pouvoir continuer la lutte de manière efficace contre les formations politiques bourgeoises, contre leurs tromperies, contre leur populisme. Quand la bourgeoisie se rendra compte que les mouvements sociaux revêtiront un caractère révolutionnaire souhaitant un changement de fond, radical, ne souhaitant pas s'arrêter aux simples réformes et décrets qu'elle propose par le biais de la voie parlementaire qu'elle affecte tant, alors la bourgeoisie prendra peur. Elle essaiera de discréditer par tous les moyens le parti d'avant-garde par une propagande mensongère, agitant au visage du prolétariat l'épouvantail de la peur, du chaos de la révolution, de la terreur, etc.

La différence fondamentale qui s'exprime entre les

révolutionnaires et les réformistes, se situe au niveau du rôle que jouent précisément les réformes dans l'action populaire, dans la vie politique, dans le mouvement révolutionnaire. Pour le révolutionnaire, la réforme est un moyen de progresser de manière légale dans le processus révolutionnaire illégal, visant à détruire le vieil état de choses, la société bourgeoise, par la révolution. Pour le réformiste, au contraire, la réforme représente la résultante finale, l'aboutissement dans la lutte politique qui permettrait d'améliorer de manière conséquente et suffisante les conditions de vie des travailleurs, sans avoir besoin de continuer aucunes formes de lutte supplémentaires à celle de la voie parlementaire.

« Pour le réformiste, la réforme est tout : le travail révolutionnaire, lui, n'est là que pour l'apparence, pour en parler, pour jeter de la poudre aux yeux. C'est pourquoi, avec la tactique réformiste, dans les conditions du pouvoir bourgeois, une réforme devient de façon inévitable un instrument de renforcement de ce pouvoir, un instrument de désagrégation de la révolution.

Pour le révolutionnaire, au contraire, le principal c'est le travail révolutionnaire, et non la réforme ; pour lui, la réforme n'est que le produit accessoire de la révolution. C'est pourquoi, avec la tactique révolutionnaire, dans les conditions du pouvoir bourgeois, une réforme devient naturellement un instrument de désagrégation de ce pouvoir, un instrument de renforcement de la révolution, un point d'appui pour le développement continu du mouvement révolutionnaire.

Le révolutionnaire accepte la réforme afin de l'utiliser comme une amorce pour combiner l'action légale et l'action illégale, afin de s'en servir comme d'un abri pour renforcer le travail illégal en vue de la préparation révolutionnaire des masses au renversement de la bourgeoisie.

C'est *là* l'essence de l'utilisation révolutionnaire des réformes et des accords dans les conditions de l'impérialisme.

Le réformiste, au contraire, accepte les réformes pour renoncer à tout travail illégal, faire échec à la préparation des masses pour la révolution, et se reposer à l'ombre de la réforme "octroyée".

C'est *là* l'essence de la tactique réformiste. »[9]

Concernant la république démocratique bourgeoise Lénine écrit :

« Il est avantageux pour la bourgeoisie que la révolution bourgeoise ne balaye pas trop résolument tous les vestiges du passé, qu'elle en laisse subsister quelques-uns, autrement dit que la révolution ne soit pas tout à fait conséquente et complète, ni résolue et implacable. »

Et plus loin :

« Pour la bourgeoisie, il est plus avantageux que les transformations nécessaires dans le sens de la démocratie bourgeoise s'accomplissent plus lentement, plus graduellement, plus prudemment, moins résolument, par des réformes et non par une révolution ; que ces transformations soient aussi précautionneuses que possibles à l'égard des institutions "respectables". »[10]

C'est ce que nous rencontrons de façon pratique et

9 J. Staline, des principes du léninisme, Éditions sociales - Paris 1945 - Page 74

quotidienne dans la lutte politique de nos jours. Lesdites formations politiques « de gauche » ou « d'opposition » etc., revêtent précisément ce caractère de classe bourgeois, ou lorsque ce n'est pas le cas, alors il est question de mentalité petite-bourgeoise, conciliante, qui les empêche d'appliquer un changement radical de la société, un changement révolutionnaire.

Les tromperies dont est victime le prolétariat avec ce tour de passe-passe politique, de jeu politique, expliquent le fait que la situation va en empirant de jour en jour, sans aucune réelle opposition, malgré la quantité toujours grandissante de partis dont nous disposons, et qui s'avèrent être inefficaces, inutiles *dans les faits*.

Les mouvements sociaux dont le prolétariat est acteur à tel moment donné de l'histoire, doivent être guidés, orientés, ils doivent devenir une force politique prolétarienne de premier ordre, afin de construire des conditions économiques et sociales nouvelles, répondant au caractère des forces productives de la société, répondant aux rapports de production qui découlent de ces mêmes forces productives, et qui sont nécessaires au processus de progrès de celles-ci.

Le problème fondamental que nous rencontrons sous la république démocratique bourgeoise, est l'absence totale de soutien *réel* aux mouvements populaires par les partis politiques se réclamant révolutionnaires ou progressistes. L'absence pure et simple d'un parti politique d'avant-garde, sachant traduire dans sa lutte politique contre la bourgeoisie, les intérêts de la masse opprimée luttant pour sa liberté, est l'élément le plus grave, et par conséquent,

---

10 V.I Lénine, deux tactiques de la social-démocratie dans la révolution démocratique, Éditions en langues étrangères - Pékin 1970 - Pages 45, 46

comme je l'ai dit plus haut, celui qu'il faut résoudre en premier dans notre société. Sans un tel parti, il ne saurait y avoir aucune base idéologique scientifiquement viable pour guider le mouvement social à un saut qualitatif, à un changement notable et réel de la société, et par le fait, il ne saurait y avoir *aucune base matérielle* qui sache traduire les besoins populaires pressants. Cela nous donne à être confrontés à des mouvements sociaux visant à améliorer de façon notable et rapide les conditions de vie du prolétariat, mais qui sont dans les faits absolument inefficaces. Faute d'un guide politique conséquent, les mouvements sont destinés à végéter en étant livrés à eux-mêmes et ne croyant d'ailleurs plus qu'en eux-mêmes.

Marx écrit que *la théorie devient une force matérielle dès lors qu'elle pénètre les masses*. C'est pour cette raison qu'il est fondamental que le prolétariat soit armé d'une théorie scientifique révolutionnaire d'avant-garde, pouvant solutionner les problèmes dont il est victime de façon efficace, et ainsi améliorer ses conditions de vie. Il n'est plus à prouver que le capitalisme soit arrivé à un stade où il est *vital* pour l'humanité de s'en débarrasser, afin de laisser place à quelque chose de nouveau, répondant aux lois de l'évolution, aux lois de développement de la société. La majorité de la population, dans les pays développés, sait pertinemment que le système est malade, à bout de souffle, et qu'il ne peut plus répondre aux besoins de celle-ci de manière efficace. Le capitalisme se maintient, notamment, par le biais de républiques dites « démocratiques » qui emploient le culte du mensonge, de la tromperie, qui usent d'effets de manche systématiques et qui, par conséquent, n'ont pas le résultat attendu dans la pratique. Il s'agit, face à un tel comportement, de confronter les paroles aux actes, de ne pas faire preuve d'amnésie en ce qui concerne l'expérience des anciens gouvernements ou chefs d'États qui ont usé des mêmes pratiques trompeuses à l'égard de la population.

« Pour tromper le peuple, les démocrates bourgeois ont toujours formulé et formulent toujours tous les "mots d'ordre" que l'on veut. Il s'agit de *vérifier* leur sincérité, de confronter les *actes* avec les paroles, de ne pas se contenter de *phrases* idéalistes ou charlatanesques, mais d'en rechercher le *réel contenu de classe.* »[11]

Cependant, les partis bourgeois ne sont pas les seuls ennemis des révolutionnaires dans la lutte politique. Sur le plan de la lutte idéologique, les marxistes doivent combattre avec toute leur force et leur énergie, les tendances à l'opportunisme et au révisionnisme dans les organisations ouvrières (syndicats, partis politiques, etc.) Le révisionnisme (et de la même manière, tous les courants opportunistes qui y sont indéniablement rattachés) constitue un ennemi pour la préparation des masses à la révolution, un frein et un danger particulièrement vicieux car, sous couvert de mots révolutionnaires et populaires, le révisionnisme mène, en réalité, à l'affaiblissement et au fractionnement du mouvement révolutionnaire ouvrier, à la tendance à la capitulation, à « l'entente » entre la bourgeoisie et le prolétariat ; puis, en définitif, à l'abandon total des principes révolutionnaires.

Les partis révisionnistes sont précisément révisionnistes en ce sens qu'ils ne souhaitent pas un changement révolutionnaire de la société, mais réformiste. Il convient nécessairement de lutter contre ces tendances, qui s'avèrent être des tendances bourgeoises et opportunistes de par leur *essence*.

---

11 V.I Lénine, la révolution et le renégat Kautsky, Éditions sociales - Paris 1953 - Page 64

« Le complément naturel des tendances économiques et politiques du révisionnisme a été son attitude à l'égard du but final du mouvement socialiste. Le maître mot de Bernstein : "Le but final n'est rien, le mouvement est tout", traduit la nature du révisionnisme mieux que quantité de longues dissertations. Définir sa conduite en fonction des circonstances, s'adapter aux événements du jour, à la versatilité de menus faits politiques, oublier les intérêts vitaux du prolétariat et les traits essentiels de l'ensemble du régime capitaliste, de toute l'évolution capitaliste, sacrifier ces intérêts vitaux au nom des avantages réels ou supposés de l'heure : telle est la politique révisionniste. Et de l'essence même de cette politique découle ce fait évident qu'elle peut varier ses formes à l'infini, et que chaque question un peu "nouvelle", chaque changement un peu inattendu ou imprévu des événements — ce changement dût-il ne modifier la ligne essentielle du développement qu'à un degré infime et pour le plus court délai, — engendreront, inévitablement et toujours, telles ou telles variétés du révisionnisme. »[12]

Là réside la deuxième étape à accomplir dans le processus révolutionnaire, à savoir : engager une lutte systématique contre toute forme d'opportunisme et de révisionnisme au sein du mouvement ouvrier, ainsi que, évidemment, contre tous les partis bourgeois réactionnaires.

Poursuivons, le capitalisme moderne est basé sur le modèle économique des monopoles, sur la toute puissance de l'oligarchie financière, et sur le cycle infernal et *inévitable* des guerres mondiales. Voici d'une manière généralisée les traits fondamentaux du capitalisme : la

---

12 V.I Lénine, Karl Marx et sa doctrine, Éditions sociales Paris - Éditions du progrès Moscou - 1971 - Page 128

violente répression des mouvements sociaux, l'ignorance et l'incompréhension du peuple et de ses besoins, l'aggravation des rapports de production au sein de la société, la destruction des acquis sociaux précédemment gagnés au prix d'âpres luttes par les générations passées, l'emballement du système économique et social qui en découle par le fait, l'aggravation des conditions de travail et la destruction des forces productives à des degrés particulièrement développés (des millions de chômeurs issus de la robotisation massive de l'industrie, la délocalisation des entreprises dans des pays ou le coût du travail est moindre, etc.), une surproduction de marchandises déraisonnée alors que des millions d'hommes souffrent du chômage et de la faim, donnant lieu à un gaspillage énorme, faute d'acheteurs solvables. À cela s'ajoutent le développement croissant de la pauvreté dans les pays développés, les guerres cycliques dans le but de piller les ressources et matières premières des pays ciblés, l'usage de plus en plus déraisonné de produits néfastes, toxiques, pour la nature et l'homme dans le but d'accroître la production et ainsi le profit qui en découle, la destruction pure et simple d'une part conséquente d'espèces animales et d'insectes, la destruction du milieu naturel des hommes et des autres organismes vivants.

De ces faits, découlent des contradictions inhérentes au capitalisme monopolisateur (impérialisme), qui font que ce système est voué, à terme, à être remplacé par un autre système répondant aux besoins de la population, aux besoins de la société, répondant aux lois de l'évolution objectives du développement économique et social.

Concernant ces contradictions, Staline en a fait un exposé simple et efficace, le voici :

« *La première contradiction* est celle qui existe entre le Travail et le Capital. L'impérialisme, c'est la toute-puissance des trusts et des consortiums monopolisateurs, des banques et de l'oligarchie financière dans les pays industriels. Dans la lutte contre cette toute-puissance, les méthodes habituelles de la classe ouvrière – syndicats et coopératives, partis parlementaires et lutte parlementaire – se sont révélées absolument insuffisantes. Ou bien livre-toi à la merci du Capital, végète comme par le passé et descends toujours plus bas, ou bien saisis-toi d'une arme nouvelle ; c'est ainsi que l'impérialisme pose la question devant les masses innombrables du prolétariat. L'impérialisme amène la classe ouvrière à la révolution.

La deuxième contradiction est celle qui existe entre les différents groupes financiers et puissances impérialistes dans leur lutte pour les sources de matières premières, pour les territoires d'autrui. L'impérialisme, c'est l'exportation des capitaux vers les sources de matières premières, la lutte forcenée pour la possession monopolisée de ces sources, la lutte pour le repartage du monde déjà partagé, lutte que mènent avec un acharnement particulier les nouveaux groupes financiers et puissances en quête d' "une place au soleil" contre les anciens groupes et puissances, qui se cramponnent à ce qu'ils ont accaparé. Cette lutte forcenée entre les différents groupes de capitalistes a ceci de remarquable qu'elle implique, comme élément inévitable, les guerres impérialistes, les guerres pour la conquête des territoires d'autrui. Cette circonstance, à son tour, a ceci de remarquable qu'elle conduit à l'affaiblissement réciproque des impérialistes, à l'affaiblissement de la position du capitalisme en général, au rapprochement de l'heure de la révolution prolétarienne, à la nécessité pratique de cette révolution.

La troisième contradiction est celle qui existe entre la poignée de nations "civilisées" dominantes et les centaines de millions d'hommes des peuples coloniaux et dépendants du monde. L'impérialisme est l'exploitation la plus impudente et la plus inhumaine des centaines de millions d'habitants des immenses colonies et pays dépendants. L'extorsion du surprofit, tel est le but de cette exploitation et de cette oppression. Mais, exploitant ces pays, l'impérialisme est obligé d'y construire des chemins de fer, des fabriques et des usines, des centres d'industrie et de commerce. Apparition d'une classe de prolétaires, formation d'intellectuels indigènes, éveil de la conscience nationale, renforcement du mouvement de libération, tels sont les résultats inévitables de cette "politique". Le renforcement du mouvement révolutionnaire dans toutes les colonies et dans tous les pays dépendants sans exception, en est un témoignage évident. Cette circonstance importe au prolétariat, en ce sens qu'elle sape à la base les positions du capitalisme, transformant les colonies et les pays dépendants, de réserves de l'impérialisme en réserves de la révolution prolétarienne.

Telles sont, en somme, les principales contradictions de l'impérialisme, qui ont transformé l'ancien capitalisme "florissant" en capitalisme agonisant. »[13]

Voilà pourquoi il est essentiel de détruire le vieux monde, de briser le capitalisme, de bâtir une société nouvelle à l'aide de la science marxiste-léniniste-maoïste répondant aux besoins actuels de la société. Cependant, il ne suffit pas uniquement que le prolétariat soit conscient de la nécessité d'un changement sociétal, mais aussi que la classe politique dominante traverse une crise politique

---

13 J. Staline, les questions du léninisme T.I, Éditions sociales - Paris 1946 - Pages 11, 12

sans précédent, que cette crise politique fasse écho même aux éléments les moins instruits et politisés du prolétariat, que cette crise politique discrédite totalement et définitivement la classe politique dominante et rende sa *direction pratique impossible*.

« La loi fondamentale de la révolution, confirmée par toutes les révolutions et notamment par les trois révolutions russes du XXe siècle, est celle-ci : pour que la révolution ait lieu, il ne suffit pas que les masses exploitées et opprimées prennent conscience de l'impossibilité de vivre comme autrefois et réclament des changements. Pour que la révolution ait lieu, il est indispensable que les exploiteurs ne puissent pas vivre et gouverner comme autrefois. C'est seulement lorsque "*ceux d'en bas*" *ne veulent plus* et que "*ceux d'en haut*" *ne peuvent plus vivre à l'ancienne manière*, c'est alors seulement que la révolution peut triompher. En d'autres termes, cette vérité c'est que : la révolution est impossible sans une crise de toute la nation (affectant exploités et exploiteurs). Donc pour qu'une révolution ait lieu, il faut, premièrement, obtenir que la majorité des ouvriers (ou, en tout cas, la majorité des ouvriers conscients, pensant, politiquement actifs) ait compris parfaitement la nécessité de la révolution et soit prête à mourir pour elle ; il faut ensuite que les classes dirigeantes traversent une crise gouvernementale, qui attire à la vie politique jusqu'aux masses les plus retardataires (l'indice de toute vraie révolution est une rapide élévation au décuple, ou même au centuple, du nombre des hommes aptes à la lutte politique parmi la masse laborieuse et opprimée, jusque-là apathique) qui affaiblit le gouvernement et rend possible pour les révolutionnaires son prompt renversement. »[14]

L'unité du prolétariat, sa fusion avec une théorie révolutionnaire d'avant-garde, voilà l'élément manquant dans notre société. Voilà ce qui nous amène à la situation que nous rencontrons actuellement en France, mais aussi dans beaucoup d'autres pays revêtant la même structuration politique. Beaucoup d'éléments favorables à la révolution sont réunis, les conditions, dans l'ensemble, sont réunies ou se réunissent petit à petit, de manière quantitative. Il nous est indispensable, si nous souhaitons transformer réellement la société, la changer, de saisir l'opportunité révolutionnaire qui nous est donnée de vivre actuellement. Nous devons nous référer aux lois du développement social, lois qui nous indiquent que les changements sociaux sont toujours intervenus par la modification des forces productives, par les luttes qui ont eu lieu entre exploités et exploiteurs, et qu'il est nécessaire, par conséquent, d'ajuster les rapports de production au niveau des forces productives de la société, afin de faire évoluer qualitativement celles-ci.

L'élaboration d'une société nouvelle, avec des rapports de production nouveaux, est une chose parfaitement réalisable et naturelle. La société doit changer, elle doit évoluer, de la même manière que tout évolue constamment dans la nature, dans l'existence matérielle. Bâtir la société communiste est une loi de développement qui, par conséquent, doit nécessairement être appliquée tôt ou tard. Cependant, le passage à la société communiste ne s'effectuera pas de lui-même, pacifiquement, sans l'action coordonnée des hommes, mais au contraire par l'organisation et la coordination de la masse exploitée en

14 V.I Lénine, la maladie infantile du communisme, (le « gauchisme »), Éditions sociales Paris - Éditions du progrès Moscou - 1979 - Pages 119, 120

un mouvement révolutionnaire visant à détruire *violemment* le capitalisme. Une société qui opprime et exploite la majorité de la population mondiale, alors qu'elle a atteint un degré de maturité économique et technique très élevée, ne peut pas être une société saine et durable. Elle est une société dangereuse et malade, dirigée par des individus aveugles, ne voyant que leurs intérêts de classe égoïstes au détriment de la majorité exploitée, exigeant toujours plus des masses laborieuses, quels que soient les sacrifices. Cette société, de par son fonctionnement général, appelle à être remplacée par la société communiste. Sous le communisme, il n'est plus question d'exploitation de l'homme par l'homme, il n'est plus question de propriété privée des moyens de production, d'une minorité exploitant la majorité pour ses intérêts propres. Sous le communisme, le travail deviendra un devoir social agréable et épanouissant, riche de savoir dans lequel chacun pourra en sortir grandi pour le bien commun. La propriété commune des moyens de production correspondra exactement au caractère des forces productives de la société. Le communisme assurera à tous les membres de la société l'épanouissement de leurs facultés physiques et intellectuelles, ils seront des hommes cultivés, d'une instruction générale étendue dans tous les domaines, et pourront se choisir librement une profession. Il assurera de la même manière, un développement complet de la science, des arts et de la culture.

La façon de considérer les hommes dans la société communiste revêt un caractère foncièrement opposé au capitalisme. Le communisme respecte l'homme, il cherche à le faire évoluer, à le faire grandir pour qu'il ait pleine satisfaction dans la société, pour qu'il soit heureux et souhaite, par conséquent, apporter tout ce qu'il peut à la société en tant qu'individu, en tant qu'homme cultivé.

« Il faut bien soigner chaque travailleur capable et qui a du discernement. Il faut le soigner et le faire grandir. Il faut faire grandir les hommes avec la même sollicitude qu'un jardinier soigne son arbre préféré. Il faut éduquer l'homme, l'aider à grandir, lui ouvrir une perspective, le faire avancer en temps opportun, lui confier en temps opportun un autre travail, si l'intéressé ne peut venir à bout de sa tâche, sans attendre qu'il soit définitivement coulé. »[15]

L'homme doit comprendre la nécessité de changer, d'évoluer, de laisser libre cours au développement harmonieux de la société, il doit le comprendre en tant qu'individu pour la communauté. Ce développement ne peut se produire que si les conditions propices à celui-ci sont réunies : conditions économiques, politiques, sociales, mais également si les conditions nécessaires au développement de l'individu sont elles aussi réunies : sa propre évolution morale, individuelle, en tant qu'être humain vivant et s'établissant dans la société avec d'autres hommes.

Concernant la préparation de l'individu au passage du communisme, plus précisément, au passage supérieur de la société communiste, sur le plan de son éducation politique et morale, voici ce que disait le collectif de l'académie des sciences de l'URSS :

« Le communisme suppose un niveau de conscience élevé chez les membres de la société. Les germes d'une attitude nouvelle, communiste, envers le travail et la propriété sociale, dans les rapports entre les hommes, existent déjà dans la société socialiste. Avec le temps,

15 J. Staline, l'homme, le capital le plus précieux, Éditions sociales - Paris 1945 - Page 11

appliquer les principes communistes deviendra chose toute naturelle et ordinaire pour des hommes ayant atteint un haut degré d'instruction et de culture. Mais n'oublions pas que, dans la société socialiste, les survivances du capitalisme sont encore loin d'avoir disparu de la conscience des hommes, du fait que la conscience retarde sur l'être, et que les forces réactionnaires du monde bourgeois s'attachent par tous les moyens à les entretenir et à les ranimer. D'où la nécessité de triompher de ces survivances, d'élever très haut le niveau de culture et de conscience communiste des masses populaires. La lutte contre les vestiges de l'ancienne attitude envers le travail et la propriété sociale, contre le bureaucratisme, contre les survivances du passé dans la vie et la morale, contre les préjugés religieux, a une importance considérable durant toute la période du passage du socialisme au communisme. Pour triompher de toutes ces survivances du capitalisme, il est indispensable d'effectuer parmi les masses un travail politique et éducatif persévérant et opiniâtre, d'éduquer le peuple tout entier dans l'esprit du communisme. »[16]

Évidemment, la bourgeoisie aime à dire que cette conception de société n'est pas réalisable, que c'est une utopie, une belle idée mais qui a été pervertie par des tyrans, des despotes sanguinaires, etc. Elle effectue une propagande d'une violence inouïe, avec une virulence toute particulière car, le changement de la société, sa transformation pour quelque chose de radicalement nouveau, ne dépend que de ce que le prolétariat pense du communisme, de ce qu'il en connaît, des idées qu'il s'en fait ou qu'on lui donne à s'en faire. Le marxisme-léninisme-maoïsme est un outil aux mains des prolétaires, un outil

16 Académie des sciences de l'URSS, Institut d'économie, Manuel d'économie politique, Éditions sociales - Paris 1956 - Page 621

qui vise à les armer pour qu'ils puissent changer les choses de manière conséquente et efficace, pour qu'ils cessent d'être victimes d'un système qui les abuse de manière toujours plus agressive, pour qu'ils cessent d'être spectateurs de leur vie, mais pour qu'ils deviennent acteurs de celle-ci. Pour qu'ils soient résolus à prendre en main leur avenir de manière consciente, en sachant vers où et par quels moyens ils se dirigent vers l'objectif qu'ils se sont fixé, à savoir, en premier lieu, à l'élaboration de la société socialiste, puis en définitif, à celle du communisme.

« Le communisme n'est pour nous ni un *état* qui doit être créé, ni un *idéal* sur lequel la réalité devra se régler. Nous appelons communisme le mouvement *réel* qui abolit l'état actuel. Les conditions de ce mouvement résultent de la présupposition qui existe actuellement. »[17]

Il me semble nécessaire, alors que nous avons parlé plus haut de propagande bourgeoise, de faire une parenthèse sur un point théorique particulier. Cet élément est fréquemment et volontairement déformé par la bourgeoisie et il en résulte une ambiguïté qu'il est nécessaire de clarifier ici. Il concerne la distinction qu'il est nécessaire de faire entre la propriété privée des moyens de production, et la propriété individuelle des objets personnels. La propagande bourgeoise aime insuffler dans l'esprit des gens que, sous le communisme, tout est mis en commun, que la propriété personnelle n'existe plus au profit de la propriété commune, que tout le monde possède les mêmes objets, les mêmes maisons, voitures, etc. En réalité, il n'en est rien.

---

17 K. Marx, F. Engels, l'idéologie allemande, Éditions sociales - Paris 1976 - Page 33

En effet, la *propriété individuelle* diffère fondamentalement de ce qui est appelé *propriété privée des moyens de production* dans le marxisme. Par propriété individuelle, il faut entendre tout ce qui ne contient pas de caractère de domination d'une classe sur une autre, c'est-à-dire que cela concerne les objets qui sont nécessaires à la vie des hommes pour qu'ils puissent vivre et s'établir dans la société de manière personnelle (une maison, une voiture, des vêtements, une télévision, etc.) La propriété privée des moyens de production quant à elle, reflète aux mains de *qui* se trouvent les moyens de production (les matières premières, les instruments de production, les usines, les fabriques, les moyens de transport et de communication, etc.) et suivant qui possède ces moyens de production, est appliquée une domination d'une classe sur une autre, dans le cas du capitalisme c'est une domination des capitalistes sur le prolétariat.

Il est, cependant, important de notifier que nous pouvons définir comme néfaste la possession de plusieurs biens matériels individuels à une échelle démesurée et déraisonnée. Prenons l'exemple du magnat de l'immobilier. Le possédant d'un patrimoine immobilier très conséquent se voit verser de manière permanente une rente financière par les locataires de son patrimoine. Cela engendre un profit immense sans aucune production de biens matériels. Là réside le problème de l'absence d'une limite d'acquisition de biens personnels tel que l'immobilier. Le locataire qui n'a pas les moyens matériels d'acquérir un logement pour y vivre, est obligé de louer à un propriétaire foncier, il est obligé de vendre sa force de travail pour payer le loyer à un propriétaire oisif, celui-ci ne faisant absolument rien d'autre que de se comporter en parfait parasite. C'est pour cette raison qu'il est important de réduire le nombre maximal de possessions immobilières –

ou d'autres possessions personnelles qui peuvent revêtir à un certain degré, un caractère d'exploitation d'une classe sur une autre – à la seule nécessité du possédant, pour qu'il ne puisse pas profiter de sa position sociale pour exploiter une autre position sociale qui lui est inférieure.

Voilà pour cette parenthèse.

Pour rester dans la clarification de l'idéologie marxiste, il y a un autre point tout aussi important qu'il est nécessaire de traiter ici. Ce point concerne la conception marxiste de l'égalité au sein de la société communiste. La bourgeoisie a pour habitude de laisser entendre que sous la société communiste, les hommes deviennent des pâles copies les uns des autres, qu'ils n'expriment plus d'idées propres à l'individu, mais qu'ils répondent à un ensemble collectif dénué d'identité propre, personnelle. Bien évidemment, ceci est entièrement faux, il serait même idiot de penser que cela puisse être vrai.

Voici une définition de l'égalité marxiste selon Staline :

« Ces gens pensent, apparemment, que le socialisme exige l'égalisation, l'égalitarisme, le nivellement des besoins et de la vie personnelle des membres de la société. Inutile de dire que cette hypothèse n'a rien de commun avec le marxisme, avec le léninisme. Par égalité le marxisme entend, non pas le nivellement des besoins personnels et de la manière de vivre, mais la suppression des classes, c'est-à-dire : a) libération égale de tous les travailleurs de l'exploitation, une fois les capitalistes renversés et expropriés; b) abolition égale pour tous de la propriété privée des moyens de production, une fois qu'ils sont devenus la propriété de toute la société; c) obligation égale pour tous de travailler selon leurs capacités, et droit égal pour tous les travailleurs d'être rétribués selon leur travail (société *socialiste*); d) obligation égale pour tous de travailler selon leurs capacités, et droit égal pour tous les travailleurs de recevoir selon leurs besoins (société *communiste*). Et le marxisme part de ce principe que les goûts et les besoins des hommes ne sont pas et ne peuvent pas être identiques et égaux, en qualité ou en quantité, ni en période de socialisme, ni en période de communisme. »[18]

Telle est la conception marxiste de l'égalité.

18 J. Staline, les questions du léninisme T.II, Éditions sociales - Paris 1947 - Page 178

III. L'ÉTAT ET LA RÉVOLUTION PROLÉTARIENNE

Venons-en maintenant à la question de l'État. Quel regard porte le marxisme sur le rôle de celui-ci dans le processus révolutionnaire ?

a) Définition de l'État

Tout d'abord, il est nécessaire de définir ce qu'est l'État à proprement parler. Le marxisme considère que l'État est un organisme de domination de classe, un organisme d'oppression d'une classe par une autre. C'est la création d'un « ordre » qui légalise et affermit cette oppression en modérant le conflit de classes par divers moyens mis en œuvre.

« L'État, n'est donc pas un pouvoir imposé du dehors à la société ; il n'est pas davantage "la réalité de l'idée morale", "l'image et la réalité de la raison", comme le prétend Hegel. Il est bien plutôt un produit de la société à un stade déterminé de son développement ; il est l'aveu que cette société s'empêtre dans une insoluble contradiction

51

avec elle-même, s'étant scindée en oppositions inconciliables qu'elle est impuissante à conjurer. Mais pour que les antagonistes, les classes aux intérêts économiques opposés, ne se consument pas, elles et la société, en une lutte stérile, le besoin s'impose d'un pouvoir qui, placé en apparence au-dessus de la société, doit estomper le conflit, le maintenir dans les limites de l' "ordre"; et ce pouvoir, né de la société, mais qui se place au-dessus d'elle et lui devient de plus en plus étranger, c'est l'État. »[19]

Cela signifie que l'État est né du caractère inconciliable des contradictions de classes au sein de la société.

« Comme l'État est né du besoin de refréner des oppositions de classes, mais comme il est né, en même temps, au milieu du conflit de ces classes, il est, dans la règle, l'État de la classe la plus puissante, de celle qui domine au point de vue économique et qui, grâce à lui, devient aussi classe politiquement dominante et acquiert ainsi de nouveaux moyens pour mater et exploiter la classe opprimée. »[20]

Dans la société capitaliste, l'État est l'instrument *et* le représentant de l'exploitation de la classe prolétarienne par la classe capitaliste, autrement dit, de l'exploitation du travail salarié par le capital.

Voilà pour la définition de l'État.

---

19 F. Engels, l'origine de la famille de la propriété privée et de l'État, Éditions Tribord - Bruxelles 2012 - Page 178

20 Idem - Page 180

b) Destruction de l'État bourgeois et création de l'État prolétarien

Étant donné que le capitalisme ne cédera pas de lui-même la place au communisme, ne souhaitant pas abandonner sa position et tous les intérêts qui en découlent, le marxisme considère que l'élaboration de la nouvelle société communiste ne peut se faire que si le prolétariat détruit, de manière violente, l'appareil étatique bourgeois. De cette manière, il est possible pour le prolétariat de constituer un nouvel État, prolétarien, servant à la fois d'instrument de répression contre la classe bourgeoise, et permettant l'instauration immédiate de la mise en commun des moyens de production. Ce qui signifie que la majorité exploitée applique un pouvoir d'État absolu sur les capitalistes, sur la bourgeoisie, sur la minorité exploitante, paralysant ainsi tout pouvoir direct dont elle pourrait bénéficier. C'est ce que le marxisme appelle « la dictature du prolétariat » une dictature du peuple, plus précisément des ouvriers organisés en classe politique, dont la forme suprême d'organisation est le parti d'avant-garde, détachement direct du prolétariat, et appliquant un maintien par la force des positions acquises par la révolution victorieuse.

« Le prolétariat utilisera sa domination politique pour arracher peu à peu à la bourgeoisie tout capital, pour centraliser tous les instruments de production entre les mains de l'État, c'est-à-dire du prolétariat organisé en classe dominante, et pour accroître le plus vite possible la masse des forces de production. »[21]

---

21 K. Marx, F. Engels, Manifeste du Parti communiste, Éditions Flammarion - Paris 2010 - Pages 44, 45

De cette manière, un renforcement croissant des forces productives de la société a lieu, et avec elles se renforce l'ensemble du mouvement révolutionnaire national. La direction révolutionnaire devient alors plus efficace, elle se renforce de jour en jour en vue de maintenir sa domination sur la classe bourgeoise destituée.

« L'État est l'organisation spéciale d'un pouvoir ; c'est l'organisation de la violence, destinée à mater une certaine classe. Quelle est donc la classe que le prolétariat doit mater ? Évidemment la seule classe des exploiteurs, c'est-à-dire la bourgeoisie. Les travailleurs n'ont besoin de l'État que pour réprimer la résistance des exploiteurs : or, diriger cette répression, la réaliser pratiquement, il n'y a que le prolétariat qui puisse le faire, en tant que seule classe révolutionnaire jusqu'au bout, seule classe capable d'unir tous les travailleurs et tous les exploités dans la lutte contre la bourgeoisie, en vue de la chasser totalement du pouvoir.

Les classes exploiteuses ont besoin de la domination politique pour maintenir l'exploitation, c'est-à-dire pour défendre les intérêts égoïstes d'une infime minorité, contre l'immense majorité du peuple. Les classes exploitées ont besoin de la domination politique pour supprimer complètement toute exploitation, c'est-à-dire pour défendre les intérêts de l'immense majorité du peuple contre l'infime minorité des esclavagistes modernes, c'est-à-dire les propriétaires fonciers et les capitalistes. »[22]

L'expropriation des capitalistes ne peut pas se faire par la voie parlementaire, pacifique, par la démocratie proposée dans le cadre de l'État bourgeois, car la voie de la démocratie parlementaire est précisément un outil

---

22 V.I Lénine, l'État et la révolution, la Fabrique éditions - Paris 2012 - Pages 77, 78

développé et mis en place par l'État qui vise à fractionner, tempérer et mesurer les mouvements sociaux. C'est pour cette raison que la dictature du prolétariat est l'unique moyen que laisse le capitalisme au prolétariat pour son émancipation, pour changer qualitativement la société. Cette domination de classe du prolétariat sur la bourgeoisie, est tout à fait indispensable pour le maintien des positions révolutionnaires, politiques et économiques. Sans cette domination, il est impossible de mener à terme la révolution, de mettre en commun les moyens de production, d'asseoir et d'étendre la révolution en vue de construire la société communiste, du fait de la violente opposition et résistance de la bourgeoisie.

« Il faut noter encore qu'Engels est tout à fait catégorique lorsqu'il qualifie le suffrage universel d'instrument de domination de la bourgeoisie. Le suffrage universel, dit-il, tenant manifestement compte de la longue expérience de la social-démocratie allemande, est :

"[...] l'indice qui permet de mesurer la maturité de la classe ouvrière. Il ne peut être rien de plus, il ne sera jamais rien de plus dans l'État actuel."

Les démocrates petits-bourgeois tels que nos socialistes-révolutionnaires et nos mencheviques, de même que leurs frères jumeaux, tous les sociaux-chauvins et opportunistes de l'Europe occidentale, attendent précisément quelque chose "de plus" du suffrage universel. Ils partagent eux-mêmes et inculquent au peuple cette idée fausse que le suffrage universel, "dans l'État *actuel*", est capable de traduire réellement la volonté de la majorité des travailleurs et d'en assurer l'accomplissement. »[23]

---

23 V.I Lénine, l'État et la révolution, la Fabrique éditions - Paris 2012 - Pages 62, 63

« La société capitaliste, considérée dans ses conditions de développement les plus favorables, nous offre un démocratisme plus ou moins complet en république démocratique. Mais ce démocratisme est toujours confiné dans le cadre étroit de l'exploitation capitaliste et, de ce fait, il reste toujours, quant au fond, une démocratie pour la minorité, uniquement pour les classes possédantes, uniquement pour les riches. La liberté, en société capitaliste, reste toujours à peu près ce qu'elle fut dans les républiques de la Grèce antique : une liberté pour les propriétaires d'esclaves. Par suite de l'exploitation capitaliste, les esclaves salariés d'aujourd'hui demeurent si accablés par le besoin et la misère qu'ils n'ont pas d'intérêt pour la démocratie, pour la politique, et que, dans le cours ordinaire, pacifique, des événements, la majorité de la population se trouve écartée de la vie politique et sociale. »[24]

En effet, si nous analysons la forme que revêt la démocratie dans la république bourgeoise, nous sommes confrontés à une élection périodique d'un individu représentant la classe politique dominante. Ce représentant ignore – et écrase quand cela est nécessaire – le peuple en usant de sa position politique et du soutien de classe dont il bénéficie. C'est pour cette raison que la représentation actuelle de la démocratie est une chose creuse, ne servant absolument pas les intérêts de la masse opprimée et ne lui laissant aucun autre choix que celui d'élire des individus ne souhaitant rien d'autre que la conservation telle quelle de l'appareil d'État bourgeois.

De ces faits, découle la nécessité de la destruction de l'État bourgeois et la création d'un État nouveau,

24 V.I Lénine, l'État et la révolution, la Fabrique éditions - Paris 2012 - Page 172

prolétarien, appliquant une dictature révolutionnaire contre les forces réactionnaires de la société, contre les tentatives de restauration du capitalisme et de l'exploitation de la majorité exploitée par la minorité exploitante.

Telles sont, en somme, les caractéristiques de l'État bourgeois et de l'État prolétarien.

La théorie marxiste de l'État ne s'arrête pas à la question de l'État prolétarien, elle va bien plus loin que cela. En effet, le marxisme distingue deux phases de développement de la société communiste. La première est la phase inférieure, elle est nommée socialisme, la deuxième est la phase supérieure, elle est nommée communisme. Sous la deuxième phase du développement de la société communiste, l'État est amené à disparaître, à dépérir naturellement étant donné la structure économique et sociale que revêt la société communiste.

Cependant, il ne me semble pas nécessaire d'expliquer plus en profondeur la théorie du dépérissement de l'État dans cet ouvrage, nous irions trop en avant dans des explications purement théoriques et ce n'est pas l'objectif souhaité. Il est préférable, je pense, de s'arrêter aux notions d'État bourgeois et d'État prolétarien pour le moment. Cependant, si le lecteur souhaite étudier plus en profondeur le sujet, d'excellents ouvrages expliquent le processus de dépérissement de l'État sous la société communiste, et comment celle-ci peut être gérée sans État.

En voici une sélection non-exhaustive : « Critique du programme de Gotha – Karl Marx », « L'État et la révolution – Lénine », « Manuel d'économie politique – Académie des sciences de l'URSS ».

IV. AU SUJET DE LA PROPAGANDE ANTICOMMUNISTE

Il me semble nécessaire, même si ce n'est pas le but de cet ouvrage, de consacrer un petit chapitre sur la question de la propagande anticommuniste incessante dont nous sommes victimes quotidiennement. Il est, en effet, indispensable de rétablir la vérité de certains faits historiques concernant, notamment, l'expérience communiste en URSS.

Le capitalisme a peur, il craint le communisme plus que tout au monde, il tremble à l'idée d'imaginer une société communiste, car le communisme représente la seule alternative scientifiquement établi, qui permet de détruire l'état de choses actuel et de construire quelque chose de nouveau et fonctionnel. C'est précisément pour cette raison que le capitalisme effectue une propagande exacerbée à l'encontre du communisme, de ses représentants, et de ses réalisations historiques. L'objectif du capitalisme est d'effrayer, de rendre allergique la population à la simple écoute du mot « communisme ». Il cherche à l'assimiler à une horreur sans nom, à un régime de terreur absolue ou règne un État policier dictatorial sanguinaire, et où chacun n'a aucune liberté si ce n'est celle de finir enfermé dans un goulag durant le reste de ses jours, s'il n'est pas

« d'accord » avec le régime en place.

Il est évident que tout ceci est faux et ne reflète en rien la réalité historique. Ces mensonges sont délivrés par une caste politique, la bourgeoisie, qui est farouchement opposée au communisme. Il est, de ce fait, absolument naturel qu'elle veuille détruire l'image du communisme, afin d'en tenir éloignées les masses laborieuses dans le but d'empêcher l'éveil de conscience de classe du prolétariat, d'empêcher toutes formations fondamentalement révolutionnaires.

Nous pouvons observer que quotidiennement, tout au long de l'année, est effectuée une propagande constante à l'égard du mouvement communiste du XXe siècle et de ses représentants. Cette propagande se caractérise par l'emploi systématique d'un vocabulaire précis, visant à choquer la population : terreur, famine, tyrannie, sanguinaire, autoritaire, dictatorial, totalitaire, despotique, paranoïaque, etc. L'emploi de ce vocabulaire – devenu une règle inviolable par la bourgeoisie – concernant la qualification des personnalités et mouvements communistes du XXe siècle, doit amener l'individu, communiste ou non, à faire preuve d'esprit critique concernant les « informations » communiquées. N'oublions pas que la très grande majorité des secteurs de communication et d'information sont détenus par la bourgeoisie, et que cette bourgeoisie défend ses intérêts de classe. Ce n'est rien de plus qu'une lutte d'idées entre exploiteurs et exploités, lutte qui pour le moment, est en faveur du capitalisme.

La bourgeoisie a pour habitude de se concentrer sur le nom de Staline et sur l'expérience de l'URSS à cette période, pour appliquer sa propagande mensongère et exagérée. Il existe un livre remarquable, écrit par Ludo Martens : « Un autre regard sur Staline - Éditions EPO », qui relate toutes les attaques dont sont victimes Staline et l'URSS à cette période. Un très grand travail de recherche a été effectué par Ludo Martens, et il démonte avec des preuves à l'appui, les mensonges déversés depuis des décennies contre la construction du socialisme en URSS : la famine en Ukraine, les 12 millions de morts du goulag, le testament de Lénine, la collectivisation et l'industrialisation forcée par un parti autoritaire, la terreur aveugle des purges, la collusion Staline-Hitler, etc. Il s'agit avec ce livre de connaître les tenants et aboutissants réels de cette époque historique, en étudiant l'ensemble des éléments de cette période, et en tenant compte du contexte historique précis.

Je ne peux que conseiller cet ouvrage au lecteur, s'il est curieux de connaître l'autre version de l'histoire, et non pas celle qui est écrite par la fallacieuse bourgeoisie.

CONCLUSION

Il ne faut jamais perdre de vue la lutte des classes, ne jamais perdre de vue les intérêts de classe que renferment la bourgeoisie et ses sous-partis. Il faut garder à l'esprit que la survie de la bourgeoisie, du capitalisme, ne dépend que de l'ignorance des masses opprimées et exploitées, que la survie du capitalisme dépend entièrement de la propagande persistante et exacerbée qui va à l'encontre du communisme et de ses grandes figures, usant de mensonges extrêmement graves.

Pour résumer de manière simple, tant que les masses opprimées se tiendront à l'écart du communisme, pensant que c'est un système répressif et dictatorial, horrible et sanguinaire, du fait de la très violente et constante propagande de la bourgeoisie, rien ne changera réellement. La société ira en empirant, les masses laborieuses verront leurs conditions de vie se dégrader gravement et elles n'auront aucune solution, aucun outil pour se sortir de cette condition misérable. Elles continueront de lutter avec les mêmes méthodes parlementaires, absolument inutiles et inefficaces. L'ignorance de la majorité fait la force de la minorité. Nous sommes confrontés à un ennemi puissant, cruel et impitoyable, qui ne recule et ne reculera devant rien. Ou bien nous nous saisissons du marxisme-léninisme-maoïsme pour mener une lutte sans merci contre cet ennemi, une lutte visant à le briser et le détruire de manière définitive, ou bien nous serons réduits à l'état d'esclaves modernes, destinés à vivre de manière misérable dans l'ignorance et l'exploitation.

Comme le disait Victor Hugo, *c'est de l'enfer des pauvres qu'est fait le paradis des riches.*

Enfin, je terminerais par ces lignes du Manifeste communiste :

« Les communistes se refusent à dissimuler leurs opinions et leurs intentions. Ils déclarent ouvertement que leurs fins ne peuvent être atteintes que grâce au renversement par la violence de tout l'ordre social du passé. Que les classes dominantes tremblent devant une révolution communiste. Les prolétaires n'ont rien à y perdre que leurs chaînes. Ils ont un monde à gagner.

Prolétaires de tous les pays, unissez-vous ! »[25]

---

25 K. Marx, F. Engels, Manifeste du Parti communiste, Éditions Flammarion - Paris 2010 - Pages 61, 62

Suite à plusieurs envois de mon manuscrit afin de trouver un éditeur, les réponses qui m'ont été transmises, soit négatives, soit me demandant des sommes d'argent conséquentes, ne m'ont pas permis de pouvoir passer par un éditeur.

Je n'ai donc pas eu d'autres choix que celui de me tourner vers l'autoédition.